JOSEPH STIGLITZ

Wirtschaftswissenschaftler und Nobelpreisträger

Business   50MINUTEN.de

JOSEPH STIGLITZ

Wirtschaftswissenschaftler
und Nobelpreisträger

Verfasst von Mouna Guidiri
In Zusammenarbeit mit Brigitte Feys
Übersetzt von Mareike Lobeck

JOSEPH STIGLITZ

PROFIL

- **geboren**: 9. Februar 1943 in Gary (Indiana, USA)
- **Kontext**: Joseph Stiglitz ist einer der bekanntesten Vertreter des Neukeynesianismus bzw. der New Keynesian economics. Der Wirtschaftswissenschaftler wird ebenfalls als einer der Pioniere der Informationswirtschaft angesehen.
- **bekannteste Werke**:
  - *Principles of Macroeconomics*, 1993.
  - *Der Schatten der Globalisierung* (*Globalization and its Discontents*), 2002.
  - *Die Roaring Nineties: Der entzauberte Boom* (*The Roaring Nineties: a New History of the World's Most Prosperous Decade*), 2003.
  - *Die Chancen der Globalisierung* (*Making Globalization Work*), 2006.
  - *Volkswirtschaftslehre: Mikroökonomie und Makroökonomie* (*Economics*), 2006, mit Carl F. Walsh (geboren 1949).

- *Im freien Fall: Vom Versagen der Märkte zur Neuordnung der Weltwirtschaft (Freefall: America, Free Markets, and the sinking of the World Economy)*, 2010.
  - *Der Preis der Ungleichheit: Wie die Spaltung der Gesellschaft unsere Zukunft bedroht (The Price of Inequality)*, 2012.
- **Preise und Auszeichnungen**: 2001 erhielt Stiglitz gemeinsam mit George Akerlof und Micheal Spence den Wirtschaftsnobelpreis für seinen Beitrag in der Informationswirtschaft.
- **Schlüsselwörter:**
  - <u>Weltbank:</u> internationale Institution und Sonderorganisation der Vereinten Nationen (UNO), die Entwicklungsländer berät und Darlehen für die weltweite Armutsbekämpfung vergibt
  - <u>Ökonometrie:</u> Teilgebiet der Wirtschaftswissenschaften, das Statistiken und verschiedene mathematische Methoden verwendet, um Wirtschaftsmodelle zu überprüfen und bestehende Phänomene (Wirtschaft-swachstum, Inflation etc.) zu analysieren
  - <u>Informationswirtschaft:</u> Teilgebiet der Wirtschaftswissenschaften, das basierend

auf der asymmetrischen Verteilung von Information auf den Märkten den Einfluss dieser Information auf Wirtschaftsentscheidungen untersucht

- Internationaler Währungsfonds (IWF): internationale Institution, die weltweit für finanzielle Stabilität sorgt und den Welthandel unterstützt
- Globalisierung: zunehmende internationale Verflechtung von Individuen, Gesellschaften, Institutionen und Staaten
- Index der menschlichen Entwicklung (HDI): Indikator zur menschlichen Entwicklung in den verschiedenen Ländern. Der HDI ergänzt das BIP (Bruttoinlandsprodukt) pro Einwohner (welches keine Aussage über den individuellen und kollektiven Wohlstand macht) um Lebenserwartung, Bildungsniveau und Lebensstandard.
- Neukeynesianismus: auch New Keynesian economics. Diese Wirtschaftstheorie entstand als Reaktion auf die Neue Klassische Makroökonomik. Sie basiert auf dem Ansatz des britischen Ökonomen John M. Keynes (1883-1946) und ergänzt dessen Theorie durch eine Analyse der mikro- und makro-

ökonomischen Grundlagen. Unter anderem erklärt sie die Preisstarrheit anhand der unvollkommenen Informationsverteilung. Neukeynesianismus ist nicht mit dem Neokeynesianismus zu verwechseln.

EINLEITUNG

> Heute sind wir gefordert, das richtige Gleichgewicht zwischen Staat und Markt, zwischen kollektivem Handeln und lokaler, nationaler und globaler Ebene sowie zwischen dem Handeln staatlicher und nichtstaatlicher Akteure zu finden. (Stiglitz: *Die Roaring Nineties: Der entzauberte Boom*, S. 13)

Stiglitz fordert regelmäßig, den Dialog zwischen Regierungen und Märkten zu verstärken, sowie insbesondere zwischen den Märkten und den Haushalten. Als unverbesserlicher Keynesianer hält er die Sparpolitik, die Staaten in Krisenzeiten einführen, häufig für nicht angemessen. Unermüdlich unterstreicht er, dass die von den USA ergriffenen Maßnahmen ineffizient sind und führt dies vor allem auf politische Maßnahmen wie Deregulierung, Verminderung der Progressivität des Steuersystems und grobmaschigere soziale Sicherungssystemen zurück (vgl. Stiglitz: *Der Preis der Ungleichheit: Wie die Spaltung der Gesellschaft unsere Zukunft bedroht*).

In *Der Preis der Ungleichheit* prangert der Nobelpreisträger nicht zum ersten Mal die Politik der großen Institutionen an. Stiglitz ist gar für seine Vorwürfe gegenüber der Weltbank und des internationalen Währungsfonds bekannt und das, obwohl er selbst vier Jahre Chefökonom der Weltbank war – was seine Aussagen nur noch eindringlicher macht.

Der Wirtschaftswissenschaftler, Ökonometrie-, Volkswirtschafts- und Entwicklungsökonomie-Experte unterwirft die weitverbreiteten Wirtschaftsmodelle einer kritischen Analyse. Er tritt für die Erschaffung einer wahren Demokratie ein, die auf einem tatsächlichen Dialog zwischen Experten und Laien und vor allem fairem Zugang zu Wissen beruht.

LEBEN

GERECHTIGKEIT – DAS LEITMOTIV DER FAMILIE STIGLITZ

Stiglitz wuchs in Gary auf, einer von der Mittelschicht dominierten Industriestadt in Indiana (USA). Dort wurde er – vor allem dank der Erziehung seiner Eltern – für die Themen Recht und Gerechtigkeit sensibilisiert. Seine Mutter Charlotte unterrichtete in einer öffentlichen Schule, wo ein Großteil der Schüler aus extrem armen Familien stammten. Sein Vater Nathaniel wiederum war Versicherungsvertreter (eine Tatsache, die sich auf Stiglitz' Arbeit auswirkt) und trat engagiert für das Programm der Demokraten ein, insbesondere das Recht auf eine Sozialversicherung.

EIN AUSGEZEICHNETES STUDIUM

Trotz des (im Nachhinein amüsanten) Ergebnisses eines Persönlichkeitstests, nach dem Stiglitz Rabbi werden sollte, entschied er sich für ein Studium an der Universität. Er begann am sehr liberalen Amherst College (Massachusetts) und verbrachte dort drei Jahre, bevor ihm seine Professoren aufgrund seiner außerordentlichen analytischen Fähigkeiten empfahlen, ans Massachusetts Institute of Technology (MIT) zu wechseln. Stiglitz nahm an zahlreichen Forschungsprojekten teil, insbesondere unter Leitung des japanischen Wirtschaftswissenschaftlers Hirofumi Uzawa (1928-2014). Dieser ist für die Einführung der angewandten Mathematik in die Wirtschaftswissenschaften und die Modellierung der neoklassischen Wachstumstheorie bekannt.

Von da an reihte sich für Stiglitz ein Erfolg an den nächsten: 1967 erhielt er mit gerademal 24 Jahren einen Doktortitel, mit 27 wurde er Professor an der Yale University und zwei Jahre später Mitglied der Econometric Society, die den Grundstein der Ökonometrie legte. Außerdem unterrichtete er an der Stanford University, der University of Oxford, der Princeton University und der University of Nairobi. Stiglitz' akademischer Werdegang kann also nicht anders als äußerst erfolgreich bezeichnet werden.

Stiglitz hat sich ausgezeichnete Kenntnisse des ökonometrischen Modells angeeignet, weswegen er an zahlreichen Konferenzen zur Analyse von volkswirtschaftlichen Problemen teilnahm – in einer Zeit, wo die philosophischen und ideologischen Ansätze in den Wirtschaftswissenschaften mit mathematischen ersetzt wurden. Seine Interessen beschränken sich jedoch nicht nur auf einen Bereich: Er hat mit seiner Arbeit ebenso einen Beitrag in der Volkswirtschaft, Entwicklungsökonomie und natürlich Informationswirtschaft geleistet.

BEGRÜNDER DER INFORMATIONSWIRTSCHAFT

Zusammen mit dem amerikanischen Wirtschaftswissenschaftler Andrew Weiss (geboren 1947) kritisierte er das klassische Modell des Kreditmarkts, das den beiden zufolge nicht berücksichtigt, dass Informationen ungleich verteilt sind. Ihr Artikel „Credit Rationing in Markets With Imperfect Information" erschien 1981.

EIN POLITISCHER THEORETIKER

Stiglitz profilierte sich zwar besonders im akademi-schen Bereich, er forderte jedoch von Beginn seiner Karriere an eine Verbindung zwischen Universität, Politik und Bevölkerung. Seine Laufbahn be-schränkte sich daher nicht auf die universitäre Lehre: Stiglitz hat im Laufe seines Lebens ebenfalls schon verschiedene politische Ämter ausgeübt. 1993 wurde er Wirtschaftsberater im Council of Economic Advisors vom damaligen US-Präsident Bill Clinton (Demokrat, geboren 1946) und hatte dort ab 1995 zwei Jahre den Ratsvorsitz inne.

1997 gab Stiglitz seinen Posten in Clintons Regierung auf, um Vizepräsident und Chefökonom der Weltbank zu werden. Während der vier Jahre seiner Amtszeit verstärkten sich seine kritischen Ansichten zur bestehenden internationalen Politik, insbesondere in Bezug auf Entwicklung. Er gab seine Enttäuschung über den Neoliberalismus, der einen großen Einfluss auf die Entscheidungen und Projekte der Weltbank hat, öffentlich kund. So fasst Stiglitz' Werk *Die Schatten der Globalisierung* (2002), das vom Publikum sofort begeistert aufgenommen wurde, seine verschiedenen Kritikpunkte zusammen, unter anderem am fanatischen Festhalten des Internationalen Währungsfonds am freien Markt und dem „Mafia-Kapitalismus". Der erste

Punkt bezieht sich darauf, dass der Internationale Währungsfonds keine anderen Modelle als den freien Markt für den internationalen Handel und die Entwicklung ins Auge fasst. Der zweite bezeichnet die Vetternwirtschaft zwischen Regierungsvertretern.

Nach dem Rücktritt von seiner Stelle bei der Weltbank im Jahr 2000 wurde Stiglitz wieder Dozent, diesmal an der Columbia University in New York. Das Jahr 2001 bedeutete so zwar einen Karrierewechsel, vor allem je-doch die Auszeichnung seiner Arbeit über die Ungleichverteilung von Informationen: Zusammen mit Michael Spencer und George Akerlof erhielt er den Wirtschaftsnobelpreis.

KEINE DEMOKRATIE OHNE ZUGANG ZU INFORMATION

Heutzutage arbeitet Stiglitz als Professor an der Graduate School of Business der Columbia University und veröffentlicht regelmäßig Werke, die durch ihren zugänglichen Stil bestechen und die angesprochenen Wirtschaftsprobleme leicht verständlich darstellt. Stiglitz ist überzeugt, dass es für eine solide Demokratie unerlässlich ist, dass jeder – ob Laie oder Experte – die wirtschaftspolitischen Phänomene und Entscheidungen von heute erkennen und verstehen kann.

Aus diesem Grund hat Stiglitz ebenfalls den Thinktank Initiative for Policy Dialogue und das Forum The Economists' Voice gegründet, wo er Chefredakteur ist. Er erhofft sich damit, die Informationen, die in wirtschaftswissenschaftlichen Artikeln veröffentlicht werden, auch Lesern zugänglich zu machen, die nicht unbedingt über die nötigen Vorkenntnisse verfügen, um die behandelten komplexen Inhalte in ihrer Gänze zu verstehen.

STIGLITZ' BEITRAG ZUR WIRTSCHAFTSGESCHICHTE

Stiglitz beschäftigt sich in seinen Forschungsarbeiten, Werken und wissenschaftlichen Artikeln mit zahlreichen unterschiedlichen Themen.

DIE THEORIE DER ASYMMETRISCHEN INFORMATION

Für den Wirtschaftswissenschaftler ist der Informationsfluss (Zugänglichkeit der Information für alle Akteure auf dem Markt) ein zwingendes Kriterium für vollkommene Konkurrenz. Einzig in dieser Marktform greift der Mechanismus der unsichtbaren Hand.

GUT ZU WISSEN: DIE UNSICHTBARE HAND

Das von Adam Smith entwickelte Konzept der unsichtbaren Hand bezeichnet einen Mechanismus, nach dem das Allgemeinwohl gefördert wird, wenn jeder Einzelne nach seinem eigenen Wohl strebt. Dieser metaphorische Ausdruck impliziert eine Art Naturgesetz, nach dem die Märkte reguliert werden.

Im Handel besteht also nur vollkommene Konkurrenz, wenn die beiden beteiligten Personen bzw. Einheiten Zugang zur selben Information haben. Obwohl die klassischen Wirtschaftswissenschaften und ihre Ableger alle diese Hypothese der vollkommenen Effizienz annehmen und ihre Theorien entsprechend ausgelegt haben, tritt sie Stiglitz zufolge in realen Handelssituation nicht ein.

Die Asymmetrie der Information

Kreditknappheit als Beweis

Weiss und Stiglitz kritisierten im Jahr 1981 den Zugang zu Informationen bezüglich der auf dem Markt gehandelten Produkte und Dienstleistungen. Dazu befassten sie sich mit dem Kreditmarkt und insbesondere der dortigen Kreditknappheit (die staatliche Eingriffe voraussetzt). Ihre Überlegungen basieren auf einer Frage: Wie kommt es zu dieser Knappheit, wenn die Vollkommenheit des Marktes es doch eigentlich ermöglichen sollte, über den Preis – bzw. in diesem Fall den Zinssatz – automatisch ein Gleichgewicht zwischen Angebot und Nachfrage herzustellen?

Den beiden Autoren zufolge liegt die Antwort auf diese Frage in der Unvollständigkeit der Informationen, die von den Banken herausgegeben werden. Obwohl die Unterlagen zahlreiche Angaben über die potenziellen Kreditnehmer enthalten, können sie keine Garantie geben, dass die Kunden tatsächlich in der Lage sein werden, die Kredite zurückzuzahlen. Die Grundlagen zur Debatte rund um asymmetrische Information hatte Stiglitz bereits in einem Artikel über Screening dargelegt. Diese Technik wird vom weniger informierten Handelspartner angewandt, um seinen Partner einzuschätzen und ihm das angemessenste Angebot zu machen.

Schnäppchen oder Schrott?

Als einfaches Beispiel sei in der Folge der Gebrauchtwagenmarkt betrachtet (wie es auch Akerlof in seinen Werken häufig verwendet). Auf diesem Markt ist es schwer, an gewisse Informationen zu kommen, wie beispielsweise den technischen Zustand des Autos, den Fahrstil des Vorbesitzers, die Anzahl der Unfälle des Autos etc. Es ist daher für den Käufer unmöglich, sich eine genaue Vorstellung vom Zustand des Autos zu machen. Weil er also nicht feststellen kann, ob es sich um ein Schnäppchen oder Schrott handelt, misst der Käufer allen Autos einen mittleren Wert zu, was dazu führt, dass einerseits die Verkäufer hochwertiger Autos vom Markt gedrängt werden und keine Anreize mehr zum Verkauf finden und andererseits Gebrauchtwagenhändler ihre Marktanteile vergrößern können.

Im Fachjargon spricht man dabei von „adverser Selektion" oder „Negativauslese", da das Ergebnis das Gegenteil dessen ist, was zu Beginn angestrebt wurde (im obigen Beispiel ein hochqualitatives Auto).

Eine andere Folge der asymmetrischen Information ist im Bereich der Versicherungen zu beobachten. Ein Kunde, dessen Unterlagen auf ein gewisses Risiko hinweisen, kann nach dem Unterschreiben der Versicherungsvertrags sein Verhalten möglicherweise ändern: Es ist sogar wahrscheinlich, dass der Kunde nun risikofreudiger ist, was die Kosten für das Versicherungsunternehmen unbestreitbar erhöht.

Der Effizienzlohn

Stiglitz beschäftigt sich ebenfalls mit dem Phänomen der Arbeitslosigkeit. Zusammen mit dem amerikanischen Wirtschaftswissenschaftler Carl Shapiro (geboren 1955) betont er in dem Artikel „Equilibrium Unemployed as a Worker Discipline Device" (1984), dass mithilfe der Theorie der asymmetrischen Information ebenfalls die Arbeitslosigkeit in Teilen erklärt werden kann.

So dienen Lebensläufe, Motivationsschreiben und Zeugnisse auf dem Arbeitsmarkt der einen Partei als eine Art Screening oder Signal. Wie bei Krediten geben diese Dokumente allein jedoch keine Garantie für die Produktivität des zukünftigen Mitarbeiters. Um dieses Problem zu beheben und die produktivsten Mitarbeiter zu finden, kann ein Arbeitgeber sich dazu entschließen, einen überdurchschnittlich hohen Lohn zahlen. Stiglitz bezeichnet dies als Effizienzlohn. Dem Mitarbeiter liegt nun daran, produktiv zu sein, um nicht entlassen zu werden, da dies indirekt (nach Wiedereinstellung bei einem anderen Arbeitgeber) zu einer Lohnkürzung führen würde. Das Problem scheint zwar nun gelöst, doch da alle Arbeitgeber dieselbe Strategie anwenden, nimmt die Nachfrage (oder das Angebot) nach Arbeit ab, was das Problem der Arbeitslosigkeit verstärkt. „Arbeitslosigkeit ist ein Ergebnis der arbeitsbezogenen Informationsstruktur"[1] (Stiglitz, Shapiro: „Equilibrium Unemployment as a Worker Discipline Device").

GUT ZU WISSEN: INFORMATIONSWIRTSCHAFT

Der Arbeitsmarkt, der Gebrauchtwagenmarkt und der Kreditmarkt gehören

---

1. Übersetzt für 50Minuten.de

zu einer langen Liste von paradoxen Wirtschaftsphänomenen, die anhand der Theorie der asymmetrischen Information erklärt werden können. Die Informationswirtschaft analysiert basierend auf der Annahme unvollkommener Märkte die Auswirkung von Information auf Wirtschaftsentscheidungen. Entgegen der Annahmen zur vollkommenen Konkurrenz in der neoklassischen Theorie wird in der Informationswirtschaft die Ansicht vertreten, dass Information teuer und schwer zugänglich ist. Die Vergabe des Nobelpreises im Jahr 2001 an Joseph Stiglitz, George Akerlof und Michael Spencer macht die Bedeutung dieses neuen Ansatzes deutlich.

DIE THEORIE DES NEUKEYNESIANISMUS

Hypothesen

Stiglitz, der die neoklassische Theorie ablehnt, unterstützt stattdessen die Ansätze des britischen Ökonomen John M. Keynes. Ihnen zufolge können sich die Märkte nicht selbst regulieren, weshalb staatliche Eingriffe immer wünschenswert sind, insbesondere um so einen Wirtschaftsaufschwung herbeizuführen.

Dennoch teilt Stiglitz nicht alle von Keynes Hypothesen, da der Amerikaner bestreitet, dass auf dem Markt vollständige Information besteht. Dieser Unterschied macht den Kern des Neukeynesianismus, der von Stiglitz ergänzten keynesianischen Theorien, und der Informationswirtschaft aus.

GUT ZU WISSEN: DER KEYNESIANISMUS

Diese von Keynes begründete Theorie bestreitet die selbstregulatorischen Kräfte des Marktes und fordert, dass der Staat die Rolle eines Wirtschaftsakteurs einnehmen sollte, um den Markt zu regulieren und ein Gleichgewicht herzustellen. Keynes Einfluss lässt sich in mehreren Theorien feststellen, die sein Modell ergänzen oder mit anderen Modellen kombinieren:

- **Die neoklassische Synthese bzw. der Neokeynesianismus** basiert auf der neoklassischen Theorie. Zu ihren bekanntesten Vertretern gehören der britische Ökonom und Entwickler des IS-LM-Modells John R. Hicks (1904-1989), der amerikanische Wirtschaftswissenschaftler Paul A. Samuelson (1915-2009), der amerikanische Ökonom Robert M. Solow (geboren 1924), der italienisch-amerikanische Wirtschaftswissenschaftler Franco Modigliani (1918-2003), der kanadische Volkswirt Robert Mundell (geboren 1932) und der amerikanische Ökonom N. Gregory Mankiw (geboren 1958). Ihre wichtigsten Modelle sind das IS-LM-Modell, dessen internationale Version, das Mundell-Fleming-Modell, sowie die Phillips-Kurve.

- **Die Schule des Neukeynesianismus** ähnelt der neoklassischen Synthese in Bezug auf das allgemeine Gleichgewicht, vertritt jedoch nicht die Hypothese der vollständigen Information, da diese in der Realität nicht bestätigt wird. Zu den einflussreichsten Vertretern gehören George Akerlof, Joseph Stiglitz, der französische Ökonom Olivier Blanchard (geboren 1948) und der amerikanische Wirtschaftswissenschaftler (und

Politiker) Lawrence Summers (geboren 1954). Den Kern ihrer Theorie bilden die asymmetrische Information, die adverse Selektion und der Effizienzlohn.
- **Der Postkeynesianismus** beschäftigt sich ausschließlich mit den keynesianischen Prinzipien. Bekannte Vertreter sind der italienische Wirtschaftswissenschaftler Piero Sraffa (1898-1983), der polnische Ökonom Michal Kalecki (1899-1970) und der englische Ökonom Roy Forbes Harrod (1900-1978).

Sparpolitik ist keine Lösung

In Bezug auf Finanzkrisen vertritt Stiglitz den Ansatz des Neukeynesianismus, insbesondere wenn es um die Maßnahmen gegen solche Krisen geht. Stiglitz verurteilt verallgemeinerte Sparmaßnahmen, da diese in Wirklichkeit zu einem Teufelskreis führen. So ließen sie die Staatsausgaben sinken, was Auswirkungen auf die Löhne der Beamten und die Ausgaben für die allgemeine Infrastruktur (Gesundheitswesen, Bildung etc.) hat. Dies wiederum lässt die Nachfrage der Haushalte und Unternehmen sinken usw.

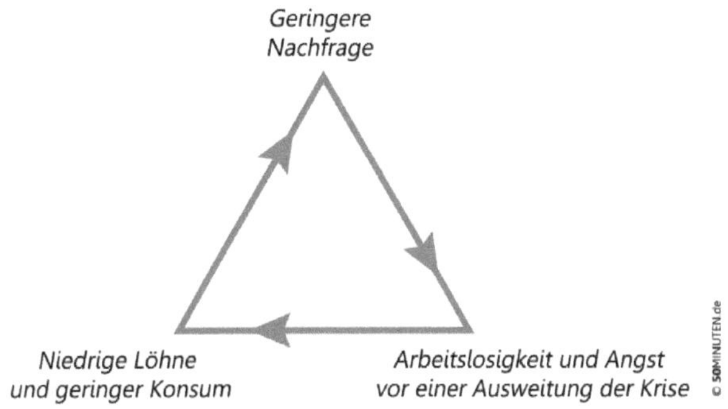

Stiglitz empfiehlt stattdessen eine gezielte Steuersenkung und eine ausgeglichene Anhebung der öffentlichen Ausgaben, um so die Nachfrage zu erhöhen und die Wirtschaft wieder anzukurbeln.

KRITIK AN DER WELTBANK UND DEM INTERNATIONALEN WÄHRUNGSFONDS

In *Die Schatten der Globalisierung*, seinem vermutlich meistgelesenen Werk, fasst Stiglitz seine Kritik an den großen internationalen Institutionen zusammen, insbesondere an der Weltbank, wo er selbst vier Jahre lang als Vizepräsident tätig war.

Stiglitz prangert besonders die Tendenz an, Entwicklungsländer systematisch zu kapitalistischen Wirtschaften und Märkten zu machen, was die Auswirkungen von Wirtschaftskrisen noch verstärke und zu gesellschaftlichen Brüchen führe, da sich die Reichen auf Kosten der Armen weiter bereichern. Stiglitz zufolge ist es unerlässlich, zunächst eine institutionelle Grundlage zu schaffen – mit Regeln, die von der Mehrheit akzeptiert werden –, bevor überhaupt daran gedacht werden kann, ein bestimmtes Wirtschaftsmodell anzuwenden.

Ein Beispiel für seine Kritik sind die Strukturanpassungsprogramme, die der Internationale Währungsfonds in den 1980er Jahren in einigen afrikanischen Ländern einführte. Diese haben im Großteil der Fälle nur dazu geführt, dass sich die Situation verschlechterte (Stärkung der Diktaturen, hohe Verschuldung etc.), wobei den Ländern solide, demokratische Institutionen fehlten, die ihnen einen Rahmen hätten bieten können.

DER INDEX DER MENSCHLICHEN ENTWICKLUNG – EIN ALTERNATIVER WOHLSTANDSINDIKATOR

Konzept

Die Debatte rund um Maßnahmen für mehr Wachstum und wirtschaftliche Stabilität wird schon seit geraumer Zeit geführt. Dass Stiglitz von manchen Wirtschaftswissenschaftlern als „alternativ" bezeichnet wird, liegt daran, dass er fordert, sich von einigen systematisch angewandten Wirtschaftsmodellen und Instrumenten zu trennen, um die heutigen Probleme zu erklären und zu lösen.

Einer von Stiglitz' letzten Beiträgen hierzu ist der Bericht, der ihm im Januar 2008 anlässlich des Weltwirtschaftsforums in Davos von Nicolas Sarkozy (französischer Politiker und ehemaliger Präsident, geboren 1955) aufgetragen wurde.

<u>GUT ZU WISSEN: DAS WELTWIRTSCHAFTSFORUM</u>

Das Weltwirtschaftsforum (World Economic Forum) veranstaltet seine Jahrestreffen in Davos in der Schweiz. Dazu kommen Vertreter aus Politik und Wirtschaft, Journalisten und andere Intellektuelle zusammen, um über die dringendsten internationalen Probleme zu sprechen.

Sarkozy beauftragte Stiglitz mit der Untersuchung, wie aussagekräftig die Ergebnisse der verwendeten Instrumente zur Messung der Wirtschaftsleistung sind (insbesondere, wenn sie auf dem BIP basieren), und zu analysieren, ob das gesellschaftliche Wohl dabei miteinbezogen werden kann. Dazu wurde die Commission on the Measurement of

Economic Performance and Social Progress gegründet, die von Stiglitz geleitet und sich aus 15 weiteren Wirtschaftswissenschaftlern unterschiedlicher Strömungen und Institutionen zusammensetzte, darunter der indische Wirtschaftswissenschaftler Amartya Sen (geboren 1933) und der französische Ökonom Jean-Paul Fitoussi (geboren 1942). Die Kommission wird nach den drei genannten Experten auch als Stiglitz-Sen-Fitoussi-Kommission bezeichnet. Ihr am 14. September 2009 vorgestellter Bericht enthält ein neues Konzept; den Index der menschlichen Entwicklung.

Besonderheiten

Wie der Name schon sagt, beinhaltet dieser alternative Indikator über den Wohlstand (der durch die Wirtschaftsleistung entsteht) eines Landes oder einer Region zwei neue Dimensionen:

- **Nachhaltigkeit der Entwicklung**: Der Indikator bewertet die Wirtschaft so nicht ausschließlich hinsichtlich ihres BIP, sondern berücksichtigt ebenfalls, ob dieses durch nachhaltige Wirtschaftsaktivitäten entsteht.

- **Gesellschaftliches Wohl**: Diese Aktivitäten müssen nicht nur nachhaltig sein, sondern außerdem Maßnahmen zur Verbesserung der Lebensqualität der Bevölkerung vorsehen (zum Beispiel in Bezug auf den Zugang zu Bildung und die Qualität des Gesundheitswesens).

Der Bericht empfiehlt die Erstellung einer Übersicht, der die beiden neuen Dimensionen in Form von Unter-Indikatoren ebenso wie das klassische BIP enthält.

SCHWÄCHEN UND ERGÄNZUNGEN

SCHWÄCHEN UND KRITIK

Stiglitz' Kritik am Internationalen Währungsfonds und an der Weltbank hat schnell zu zahlreichen Reaktionen geführt. Dabei wurden die Schwächen seiner Argumente aufgezeigt – sowohl in Bezug auf die von ihm vertretene Entwicklungspolitik als auch auf seinen allgemeinen keynesianischen Ansatz.

Resignation

Jonathan Chait (geboren 1972), ehemaliger Redakteur der Zeitschriften *The American Prospect* sowie *The New Republic* und heute Kommentator und Redakteur für die Zeitschrift *New York*, kritisierte die Art, wie Stiglitz die Politik und Entscheidungen der Weltbank bemängelte. Chait warf dem Wirtschaftswissenschaftler insbesondere vor, seine Standpunkte, die in internen Besprechungen zurückgewiesen wurden, öffentlich gemacht zu haben (vgl. Chait: „Shoeless Joe Stiglitz", 2001).

Voodoo-Wirtschaft

Nach der Veröffentlichung von *Die Schatten der Globalisierung* schrieb der amerikanische Ökonom Kenneth Rogoff (Professor für Public Policy und Wirtschaftswissenschaften an der Harvard University und Chefökonom des Internationalen Währungsfonds zwischen 2001 und 2003; geboren 1953) einen öffentlichen Brief (auf der Internetseite des Internationalen Währungsfonds), in dem er Stiglitz' Ansätze inhaltlich kritisierte. Er führte dabei an, dass Stiglitz ein Akademiker sei, was seine Ansichten als Politiker beeinflusse. Zudem griff er seine Theorie zur Krisenbewältigung an und verglich sie mit der des liberalen amerikanischen Ökonomen Arthur B. Laffer (geboren 1940).

GUT ZU WISSEN: LAFFER-KURVE

Die Laffer-Kurve veranschaulicht die Theorie des Ökonomen, dem zufolge eine Anhebung des Steuersatzes (zwischen 0 % und 100 %) zu steigenden Staatseinnahmen führt.

Rogoff bezeichnete die Vorstellung, dass Steuersenkungen und die Erhöhung des Haushaltsdefizits die Angestellten zu mehr Leistung motivieren, um die Staatskassen wieder aufzufüllen, als „Voodoo-Wirtschaft". Dieser Ausdruck war von George H. W. Bush (amerikanischer Politiker und ehemaliger Präsident, 1924-2018) geprägt worden, der ihn während seines Präsidentschaftswahlkampfs verwendete, um die Strategien seines Konkurrenten Ronald Reagan (amerikanischer Politiker und ehemaliger Präsident, 1911-2004) zu beschreiben.

Diese Kritik wurde von dem deutsch-amerikanischen Ökonomen Rüdiger Dornbusch (1942-2002) bestärkt. Anhand eines Beispiels veranschaulicht er, dass bei Anwendung von Stiglitz' alternativen Ansätzen (die er „Clinic for Alternative Medicine", auf Deutsch „Klinik für Alternativmedizin", nennt) in einem Staat, dieser bald die Hilfe des Internationalen Währungsfonds nötig hätte (vgl. Loungani: „Le Professeur du Peuple", 2009).

ERGÄNZUNGEN

Gleichzeitig wurden Stiglitz' Ansätze jedoch auch von einigen alternativen Bewegungen aufgenommen und von bekannten Ökonomen verteidigt.

Guru der Globalisierungsgegner

Als Globalisierungsgegner kann jeder angesehen werden, der die aktuelle Form der neoliberalen Globalisierung ablehnt, die unter anderem bestimmte Teile der Gesellschaft vernachlässigt und gewisse soziale Dimensionen und die Umwelt unbeachtet lässt.

Insbesondere Stiglitz' Analyse der Globalisierung in seinem Werk *Die Schatten der Globalisierung* beeinflusste und inspirierte die Bewegung der Globalisierungsgegner. Stiglitz' Ideen wurden beispielsweise von ATTAC (Association pour la taxation des transactions financières et pour l'action citoyenne, auf Deutsch etwa Verein für die Besteuerung von Finanztransaktionen und für Bürgerengagement) und der Bewegung der Idignados aufgenommen. Diese entstand in Spanien in Reaktion auf die Finanzkrise 2008 und verlieh der Unzufriedenheit der Bürger bezüglich politischer und sozialer Missstände Ausdruck. Stiglitz wurde ebenfalls zu mehreren Treffen des Weltsozialforums eingeladen.

Das Weltsozialforum ist ein jährliches Treffen von Bürgerrechtlern und Bürgerrechtsorganisationen, bei dem verschiedenen Globalisierungsthemen diskutiert werden. Es wird als Gegenpol zum jährlichen Treffen des Weltwirtschaftsforums in Davos in der Schweiz organisiert.

Stiglitz weist jedoch darauf hin, dass er zwar dem Finanzkapitalismus kritisch gegenübersteht, er jedoch nicht für die Zerschlagung der Märkte ist. Seiner Meinung nach sollte der Markt lediglich reguliert werden, damit dieser besser funktioniert. In seinem Werk *Die Chancen der Globalisierung* legt er die Grundlage für ein Programm zur Demokratisierung der Globalisierung.

ZUSAMMENGEFASST

1943
Geburt von Joseph Stiglitz

1944-1945
Gründung des Internationalen
Währungsfonds und der Weltbank im
Anschluss an die Bretton-Woods-Konferenz

1967
Stiglitz erhält seinen Doktortitel
in Wirtschaftswissenschaften

1981
„Credit Rationing in Markets with Imperfect
Information" mit Andrew Weiss

1993
Wirtschaftsberater von Bill Clinton

1997-2000
Chefökonom der Weltbank

2001
Wirtschaftsnobelpreis gemeinsam mit
Spence und Akerlof

2002
Die Schatten der Globalisierung

2008-2009
Entwicklung des Index der menschlichen
Entwicklung

- Die Arbeit des Wirtschaftswissenschaftlers Joseph E. Stiglitz befasst sich mit verschiedenen Bereichen der Wirtschaft, darunter Volkswirtschaft, Entwicklungsökonomie und Ökonometrie.
- Dabei vertritt Stiglitz den Neukeynesianismus, der auf den keynesianischen Ansätzen basiert und diese unter anderem um die Hypothese der unvollständigen Information ergänzt.
- Stiglitz' Modell der asymmetrischen Information legt die Grundlage für die Informationswirtschaft, einem neuen Bereich der Wirtschaftswissenschaften, der sich mit dem Einfluss von Information auf Wirtschaftsentscheidungen beschäftigt.
- 2001 wurde der Amerikaner gemeinsam mit Michael Spence und George Akerlof mit dem Wirtschaftsnobelpreis ausgezeichnet.
- Stiglitz ist für seine öffentliche Kritik an internationalen Finanzinstitutionen bekannt (zusammengefasst in seinem Werk *Die Schatten der Globalisierung*). Er wirft diesen vor, die Bedürfnisse von Entwicklungsländern nicht ausreichend miteinzubeziehen.
- Außerdem hatte er die Leitung der Commission on the Measurement of Economic Performance

and Social Progress inne, die damit beauftragt war, ein Konzept für einen Index der menschlichen Entwicklung auszuarbeiten.

- Stiglitz setzt sich für die Demokratisierung des Zugangs zu Information, Wirtschaftsanalysen mit aktuellem Bezug und aktueller Debatten ein. Ihm zufolge entsteht eine wahre Demokratie durch den tatsächlichen Dialog zwischen Experten und der Bevölkerung.

*Ihre Meinung ist uns wichtig!
Hinterlassen Sie doch einen Kommentar auf der
Seite unserer Online-Buchhandlung
und teilen Sie Ihre Favoriten in den sozialen
Netzwerken!*

DARÜBER HINAUS

LITERATURVERZEICHNIS

- Altman, Daniel: „Managing Globalization: Questions & Answers With Joseph E. Stiglitz". In: Economists' View (11.10.2006). http://economistsview.typepad.com/economists-view/2006/10/joseph_stiglitz.html (14.12.2018).

- Chait, Jonathan: „Shoeless Joe Stiglitz". In: The American Prospect (Juli-Aug. 1999). https://prospect.org/article/shoeless-joe-stiglitz (14.12.2018).

- L'Economiste: „Comprendre la lutte contre la corruption par Joseph Stiglitz". Aus dem Englischen von Magali Decèvre (30.05.2007). http://www.leconomiste.com/article/corrompre-la-lutte-contre-la-corruptionbrpar-joseph-stiglitz-prix-nobel-d-economie (14.12.2018).

- Loungani, Prakash: „Le Professeur du Peuple". In: Finances & Développement (Dezember 2009). http://www.imf.org/external/pubs/ft/fandd/fre/2009/12/pdf/people.pdf (14.12.2018).

- Pichon-Mamère, Françoise: „Stiglitz Joseph (1943-)". In: Encyclopædia Universalis. Eintrag in der französischen Online-Enzyklopädie. http://www.universalis.fr/encyclopedie/joseph-stiglitz/ (14.12.2018).

- Rogoff, Kenneth: „An open Letter" (2.07.2002). *International Monetary Fund*. Offener Brief (auf Englisch). http://www.imf.org/external/np/vc/2002/070202.htm (14.12.2018).

- Stiglitz, Joseph E.; Shapiro, Carl: „Equilibrium Unemployment as a Worker Discipline Device". In: *The American Economic Review* 74 (3, Juni 1984). S. 433-444.

- Stiglitz, Joseph E.: *Volkswirtschaftslehre*. Aus dem Englischen von Gerd Ladstätter. Oldenbourg: München 1999.

- Stiglitz, Joseph E.: *Die Roaring Nineties. Der entzauberte Boom*. Aus dem Englischen von Thorsten Schmidt. Siedler: Berlin 2004.

- Stiglitz, Joseph E.: *Die Schatten der Globalisierung*. Aus dem Englischen von Thorsten Schmidt. Goldmann: München 2004.

- Stiglitz, Joseph E.; Sen, Amartya; Fitoussi, Jean-Paul: „Rapport de la Commission sur la mesure des performances économiques et du progrès social" (September 2009). *La documentation Française*. https://www.ladocumentationfrancaise.fr/rapports-publics/094000427/index.shtml (14.12.2018).

- Stiglitz, Joseph E.: *Der Preis der Ungleichheit. Wie die Spaltung der Gesellschaft unsere Zukunft bedroht*. Aus dem Englischen von Thorsten Schmidt. Siedler: München 2012.

WEITERFÜHRENDE LITERATUR

- Stiglitz, Joseph E.: *Principles of Macroeconomics.* W.W. Norton: New York 1993.

- Stiglitz, Joseph E.: *Die Chancen der Globalisierung.* Aus dem Englischen von Thorsten Schmidt. Siedler: München 2008.

- Stiglitz, Joseph E.: *Im freien Fall: Vom Versagen der Märkte zur Neuordnung der Weltwirtschaft.* Aus dem Englischen von Thorsten Schmidt. Siedler: München 2011.

- Stiglitz, Joseph E.; Weiss, Andrew: „Credit Rationing in Markets With Imperfect Information". *The American Economic Review* 71 (3, Juni 1981). S. 393-410.

- Weiss, Andrew: *Efficiency Wages: Models of Unemployment, Layoffs and Wage Dispersion.* Princeton University Press: Princeton 1990.

MEHR AUF 50MINUTEN.DE

- Bomba, Alberto: *Allgemeine Theorie der Beschäftigung, des Zinses und des Geldes von John Maynard Keynes (Zusammenfassung & Analyse).* Aus dem Französischen von Mareike Lobeck. Plurilingua Publishing: Brüssel 2019.

NOCH NICHT GENUG?

- *Around the World With Joseph Stiglitz.* Dokumentation über die Globalisierung. Frankreich 2009.

- *The Costs of Inequality.* TEDxColumbia. USA 2013. https://www.youtube.com/watch?v=GYHT4zJ-sCdo (14.12.2018).

www.50Minuten.de

ISBN digitale Ausgabe: 9782808010061

ISBN gedruckte Ausgabe: 9782808016568

Pflichtexemplar: D/2018/12603/588

Cover: © Plurilingua

Digitale Aufbereitung: Primento, der digitale Partner der Herausgeber